DAHEIM UND ANDERSWO

Gedichte von
Ehrenfried Winkler
2020

Bibliografische Information der Deutschen Nationalbibliothek
Die Deutsche Nationalbibliothek verzeichnet diese Publikation
in der Deutschen Nationalbibliografie; detaillierte bibliografische
Daten sind im Internet über http://dnb.d-nb.de abrufbar.

Umschlagdesign, Satz, Herstellung und Verlag:
BoD - Books on Demand, Norderstedt

ISBN 978-3-7504-9017-8

Es muss einen Kern geben,
zu dem man vordringen muss.
Natürlich: Das Leben ist keine Nuss.
(...)
Vielleicht ist es der Schluck Wasser,
den du dem Dürstenden gibst,
und dass du inmitten der Hasser
den, den du hassen sollst, liebst.

Eva Strittmatter

INHALT

ZUM GELEIT

Aus verschiedenem Anlass habe ich mich entschlossen, den bisherigen Gedichtbändchen nun ein weiteres hinzuzufügen.

Der Titel „Daheim und anderswo" weist auf verschiedene Beiträge hin. Gleichzeitig kann er als Fortführung des vorangegangenen Buchtitels „Hoffnungsschimmer" verstanden werden. Dazu gehören auch banale Texte, die den Alltagssituationen entsprechen. Wenn die Leser zwischen den Zeilen dabei mit eigenen Erfahrungen zu schmunzeln angeregt werden, sollte es mich freuen. Die Ernsthaftigkeit einiger Texte wird dadurch nicht berührt. Wie bei einem Gespräch wollen sie anregen und vielleicht auch den Blick erweitern, denn Hoffnungsschimmer hat unsere beschädigte Welt nötig.

Auch bei diesem Buch stand mir meine Enkelin Katharina Rothe bei der digitalen Aufbereitung des Manuskriptes zur Seite, wofür ich ihr sehr dankbar bin.

E. W.

1. DAHEIM - HEIMAT

SONNENAUFGANG

Jeden Morgen weicht das Dunkel,
wenn ein neuer Tag anbricht,
dann verblasst das Sterngefunkel
und erstrahlt der Sonne Licht.
Für das Leben Wärme spendend,
fördernd Wachstum und Gedeih'n,
Traurigkeit zur Hoffnung wendend:
Dies vermag der Sonne Schein.
Sonnenaufgang ist ein Segen –
Täglich neu am Himmelszelt,
Licht ausbreitend allerwegen
in der großen, weiten Welt.
Dankt dem Schöpfer hier auf Erden,
er hat alles wohl bedacht,
dass es Tag und Nacht kann werden,
dank der Sonne, die uns lacht.

DANKE HERR
– FÜR WIND UND REGEN

Danke Herr – für Wind und Regen,
danke für den Sonnenschein
und des Sommers Erntesegen,
dessen Fülle obendrein.
Vieler Hände Fleiß und Mühen
schafften mit Bedachtsamkeit,
säten, pflegten, sahen's blühen,
hofften auf die Reifezeit.
Was gewachsen und gediehen,
segnete Herr – deine Hand,
und die Kraft, die du verliehen,
galt dem Wohl im ganzen Land.
Lass uns Herr im Dank verweilen,
danken für das täglich Brot
und bereit sein, auch zu teilen
mit all denen, die in Not.

DAHEIM ZU SEIN

Daheim zu sein
ist die Erfahrung
der Vater- und der Mutterhände,
die schützende Bewahrung
der Liebe ohne Ende,
das Reifen und Gesunden,
die Heilung mancher Wunden.
Als Summe die Geborgenheit,
ein Hoffnungsstrahl der Ewigkeit.

Daheim zu sein
macht froh und heiter,
gib dankend davon
etwas weiter.

DAHEIM UND ANDERSWO

Daheim gibt man sich frei und froh
entfernt von einem „anderswo".
Wird zum Befinden man befragt,
mit „Danke schön" ist viel gesagt.

Obwohl die Kräfte langsam schwinden,
was junge Menschen nicht empfinden,
denn jeder überstand'ne Tag
erinnert an den Brückenschlag.

Da Gottes Boten laden ein,
woanders dann daheim zu sein.

HEIMAT

Heimat haben, Heimat lieben,
wird als hohes Gut beschrieben,
was auf unsrer kranken Welt
nicht von selbst vom Himmel fällt.
Menschen kämpfen mit Empörung
gegen vielerlei Zerstörung.
Doch die Gier und dunklen Mächte
kennen weder Halt noch Rechte,
um den Globus zu erhalten,
statt ihn friedlich zu gestalten.
Hoffnungsvoll als wahre Schätze
künden jene Glaubenssätze
Heimatrecht im Himmel an,
was sich wohl ergeben kann.
Unvorstellbar diese Weiten
in des Herren Ewigkeiten.

WETTERAUSSICHTEN

Ob im Lande, an der Küste,
jeder jederzeit gern wüsste,
immer ist's die gleiche Frage:
„Was besagt die Wetterlage?".
Auskunftsstellen, die Bekannten,
prüfen längst schon die Trabanten
wissenschaftlich und korrekt
den erwarteten Effekt.
Hoch und Tief als Kontrahenten
eigene Signale senden,
die sowohl als auch bedeuten,
dass sogleich die Glocken läuten,
die die Fachwelt schnell verhöhnen,
schwerer ist's, sie zu versöhnen.
Grund genug, einmal zu lästern,
fragt mal: „Wie war's Wetter gestern?".

REGENWOLKEN

Wolken – mal ganz ehrlich,
sind doch unentbehrlich.
Mit gesättigt, feuchter Fülle
schweben sie als große Hülle
ost- und westwärts nach Belieben,
ganz allein vom Wind getrieben,
transportieren schwer beladen
feuchte Luft zu allen Staaten.
Doch im Kreislauf ziemlich munter,
Wasser rauf und Wasser runter,
sind die Wolken, was erklärlich,
als Transporter unentbehrlich.
Was den Meeren sie entziehen,
ist nur kurze Zeit geliehen,
da sie ihren äußerst nassen
Inhalt wieder fallen lassen
auf die trock'ne Mutter „Erde",
dass sie feucht und fruchtbar werde.
Dann wird lang ersehnter Regen
in der Tat zu wahrem Segen.

REGENBOGEN

Eben fiel noch Regen nieder
aus der dichten Wolkenwand,
Sonnenstrahlen brachen wieder
kurz hindurch auf's nasse Land.
Farbenfroh zeigt sich ein Bogen,
schwerelos am Himmelszelt,
der nach kurzer Zeit entflogen –
lautlos – wie er hingestellt.
Was der Schöpfer einst erdachte, *
was er schuf und noch erhält,
zeichenhaft uns nahe brachte,
Wunder seiner schönen Welt.

siehe auch 1. Mose 9, 13 – 17

FASSADEN

Fassaden haben ein Gesicht,
das sie beharrlich zeigen.
Doch was dahinter - sieht man nicht,
dies ist Fassaden eigen.
Denn rückseits bleiben unentdeckt –
der Außenwelt verborgen –,
was hinter den vier Wänden steckt,
an Freuden wie an Sorgen.
Den Wandel und den Lauf der Welt
verspüren auch Fassaden,
wenn nach und nach der Putz abfällt,
nimmt's ganze Haus gar Schaden.
Am schlimmsten ist der Tatbestand
und wirklich zum Erschrecken:
Fassaden ohne Hinterland,
wo nichts mehr zu entdecken.
Fassaden – wie ein Angesicht –
sind nur ein Teil der Hülle,
doch was dahinter, sieht man nicht,
ob Armut oder Fülle.

BAUM-GESCHICHTE

Neun Jahrzehnte – peu à peu –
wuchs die Fichte in die Höh'.
Vielen Vögeln bot sie immer
Schutz, bisweilen Kinderzimmer.
Hat im Umfeld stark genadelt,
ward deshalb mit Recht getadelt.
Stürme hat sie überstanden.
Weil Gefahr für's Haus vorhanden,
führt es schließlich zum Beschluss,
dass der Baum nun fallen muss.
Zwei Experten – Schlag auf Schlag –
fällten ihn an einem Tag.
Warnend die Geschichte spricht:
Pflanz am Haus solch' Bäume nicht!

Um darüber nicht zu purzeln,
gräbt er aus des Baumes Wurzeln,
der beim Sturm sich arg gebärdet
und das nahe Haus gefährdet.
Martin mit der alten Säge
und der Axt bringt es zu Wege.
„Heisa" ruft der Opa dann:
  „Bald pflanz ich hier Blumen an".

PILZE

Unsichtbar und still verborgen
wächst das Pilzgeflecht heran,
bis an einem frühen Morgen
Pilze man entdecken kann,
die ans Licht nach oben drängten,
aus dem Wurzelparadies
und sich durch den Boden zwängten,
ihrem Untergrundverlies.
Würmer schätzen sie als Speise,
fallen über sie schnell her,
auch der Mensch – gar körbeweise –
sucht im Walde kreuz und quer.
Farbenfroher Wechselreigen,
Artenreichtum – in Gestalt
eindrucksvoller Hüte – zeigen
sich auf Wiesen und im Wald.
Pilze, die zum Essen taugen,
jedes Sammlerherz entzückt,
doch dazu braucht's Kenneraugen,
dass man keinen gift'gen pflückt.
Als Vertreter dieser Sparte
warnt der Fliegenpilz mit „Rot",
er gehört zur gift'gen Garde,
mahnt mit dem „Tabu-Gebot".

MOOS UND MOOSE

Überall im Wald und Fluren
fühlen Moose sich zu Haus,
Pflänzchen – ungezählte Spuren –
breiten sich am Boden aus.
Kriechen auf Beton und Steine,
selbst auf Bäume hoch und rund,
halten sich von ganz alleine
fest auf jedem Untergrund.
Fünfundzwanzigtausend Arten
sind seit dem Karbon[1] bekannt,
ihre stamm- und blätterzarten
Pflänzchen hielten allzeit stand.
Dass sie Regenwasser speichern,
kommt auch anderen zugut',
wie dem Wald, den sie bereichern
und befeuchten – absolut.
Nun sind Moose vorgedrungen
bis zum Rasen hinterm Haus,
haben mit dem Gras gerungen,
machen ihm bald den Garaus.
Weil das Gras langsam verschwunden –
was ist wohl der wahre Grund?
Wird's mit Düngekalk verbunden,
doch das jammert selbst den Hund.

Nicht der Boden nur ist sauer,
auch der Mensch empfindet Frust,
wenn er nachsinnt, mal genauer,
fühlt er sich gar schuldbewusst?
Wie ist jedoch zu verstehen,
wenn konträr das Sprichwort scheint:
     („ohne Moos – nichts los")
Dabei wird ja übersehen,
dass hier „Moos"[2] die Münze meint.
Moos und Moose sind vonnöten,
beide haben ihren Sinn.
Keiner braucht drum zu erröten,
sieht er dieses als Gewinn.

[1] Karbon: Geologisches Zeitalter vor
    360 – 300 Mio. Jahren
[2] Moos bedeutet im Hebräischen kleine
    Münze = Geld

NETZWERKE

Jedes Haus hat viele Ecken,
wo sich Spinnen gern verstecken.
Selbst im Dunkeln oder Dreck,
Beute machen ist ihr Zweck,
fast schon reine Akrobatik,
Netze spannen ohne Statik.
Spannseile, die eng vergittert,
worin ihre Beute zittert,
denn der Klebstoff hält sie fest
und versetzt den letzten Rest.
Intrigen spinnen ist ihr fern,
jedoch verspeist sie ihren Herrn,
das Männchen ihres Lebens,
sein Tun scheint fast vergebens
als letztes Opfer löst es ein,
der Spinne spinnefeind zu sein.

AUFGEHOBEN - AUFGESCHOBEN

Früh erzogen, nicht zu gammeln,
lieber gute Dinge sammeln,
sind für ihn seit Kindertagen
ein Prinzip und keine Fragen.
Bei den mancherlei Int'ressen
hat sich langsam unterdessen
einiges sehr angehäuft,
seit die Sammelzeit verläuft.
Freundesbriefe seit Jahrzehnten,
deren Seiten sich ausdehnten,
von den Reisen die Prospekte,
Wanderkarten und Objekte,
sachbezogene Artikel,
aufbewahrt im Ordnerzwickel,
Bücher auch aus West und Ost,
Briefmarken der Deutschen Post,
Diabilder serienweise,
fast von jeder Urlaubsreise
und in jeder freien Ecke
die verborgenen Verstecke
von diversem Sammelgut,
wo es jahrelang schon ruht.
Nur der Hausherr ist bedrückt,
weil es bisher nicht geglückt,
die Gedanken mal zu schärfen,
einen Teil doch wegzuwerfen,
Luft für neuen Kram zu schaffen,
und dazu mit eig'nen Waffen.

SEHT IHR DEN MOND DORT STEHEN

Seht ihr den Mond dort stehen,
wie Claudius von ihm sang.
Sein Auf- und Untergehen
erstaunt ein Leben lang.
Still zieht er seine Bahnen
der Erde zugetan,
was nur entfernt zu ahnen,
treu nach des Schöpfers Plan.
In Dunkelheit beschienen,
vom Sonnenlicht besonnt,
kann er des Nachts uns dienen
als Licht am Horizont.
Beim Wechsel seiner Fülle,
wenn zu- und ab er nimmt,
ist nur ein Teil der Hülle
vom Licht für uns bestimmt.
Wir kennen seine Phasen
und die Beständigkeit,
die stimmig gleichermaßen
verbinden Raum und Zeit.
Der Mond wie alle Sterne
als Wunder der Natur,
hier und in weiter Ferne
bezeugen Gottes Spur.

DER ABEND ZEICHNET LANGE SCHATTEN

Der Abend zeichnet lange Schatten,
denn bald verlischt der Sonne Schein.
Die Farben und ihr Glanz ermatten,
sie tauchen in das Dunkel ein.
Auf Straßen – Tag für Tag begangen –
begegnen Sorgen sich und Glück,
und manches heimliche Verlangen
lässt einen Schatten nur zurück.
Wie Tage unausweichlich schwinden,
verrinnt desgleichen Jahr um Jahr.
Wie gut, wenn dankbar wir empfinden,
dass dennoch vieles köstlich war.

GLOCKENTURMWEIHE
(05.03.2015)

Wo Glocken über Stadt und Land –
Gegossen von des Meisters Hand –
in einem Turme schwingen,
da tönen sie mit hellem Schall
und lassen ihn im Intervall
als Melodie erklingen.

Was immer sie verkünden mag,
ob Zeitansage, Stundenschlag –
im ruhelosen Treiben,
ob zum Gebet – in Freud und Leid,
zum Trost in Not und Traurigkeit,
ihr Ruf mag immer bleiben.

Als Stimme aus der Ewigkeit
hinein in jede Lebenszeit,
zu sammeln die Gedanken,
dringt das Geläut zu Arm und Reich,
denn letztlich sind sie all gleich,
bei Gott gibt's keine Schranken.

Die alte Glocke – neu geweiht –
erinnert an die schwere Zeit,
vor nunmehr sechzig Jahren,
da Bombenkrieg in unsrer Stadt
viel Unheil angerichtet hat
und Menschen mutlos waren.

Die Innschrift an dem Glockenrand
gilt nach wie vor für unser Land
als Auftrag – ganz entschieden:
„Läute Glocke, läute Frieden,
Friede auch in jedes Herz!"
- nun erneut seit diesem März -.

WASSER

Ich bin Wolke, Tau und Regen,
Quelle, Bach, dann Fluss und See,
Urkraft als ein wahrer Segen,
selbst im Nebel, Eis und Schnee.
Stets verändernd meine Formen,
ohne bleibende Gestalt,
nach naturgegeb'nen Normen
dennoch frisch, obwohl so alt.
Saft im Baum und in der Pflanze,
Feuchtigkeit im Ackerfeld –
leben von mir wie die ganze
Kreatur auf dieser Welt.
Leben spenden und erhalten,
sich verlieren immerfort
und in tausenden Gestalten
wahrnehmbar an jedem Ort.
Doch die Urkraft zeigt gewaltig
sich in Fluten, großer Not,
Katastrophen vielgestaltig,
Überschwemmungen und Tod.
Auf des Wassers Spuren achten
führt zur Ehrfurcht, zum Versteh'n,
und bei dankbarem Betrachten
sorgsam damit umzugeh'n.

DIE ZWÖNITZ
- EIN FLUSSVERLAUF -

Tief im Wald bei Elterlein
findet sich die Stelle,
eingefasst nunmehr in Stein
unsrer Zwönitzquelle.

Aus dem Bächlein wird ein Bach,
der behänd' und munter,
ohne Weh und ohne Ach
springt ins Tal hinunter.

Gönnt sich weder Rast noch Ruh',
fließt beständig weiter,
manches Bächlein kommt hinzu
und ihr Lauf wird breiter.

Im Gefälle immerfort,
hier und da bereinigt,
plätschert sie von Ort zu Ort,
bis sie sich vereinigt.

Mit der Würschnitz – doch ab hier –
beide Chemnitz heißen
und durch's Chemnitzer Revier
nun zur Mulde reisen.

Bald nimmt sie die Elbe auf
und umfängt sie leise,
bis sich öffnet deren Lauf
dann am Ziel der Reise.

Wo die Nordsee sie verschlingt
und ihr Dasein wendet,
ganz vom Wasser nun umringt,
eignes Fließen endet.

2. <u>MANN</u> LERNT NICHT AUS

MANN LERNT NICHT AUS

Früher zogen die Gerüche
ihn in Mutters kleine Küche,
nicht dort etwa was zu lernen
oder Pflaumen zu entkernen.
Nein, es lockte zu erhaschen
irgendetwas und zu naschen.
Puddingschüsseln auszulecken,
Quark anrühren, abzuschmecken,
Wurst und Fleisch in kleinen Posten
gut gewürzt einmal zu kosten.
So verlief ganz ohne Rührung
Küchenstudio mit Verführung.
Als Verpflichtung noch zum Schluss:
Abzutrocknen mit 'nem Kuss.

Weniger oder gar selten
sind die Küchen Männerwelten.
Bohren, Schrauben, Basteln, Drechseln,
Küche mit der Werkstatt wechseln,
oft noch bis ins hohe Alter –
Hobby-Alltagszeitgestalter.
Deshalb heißt es in solch' Fällen –
wo es nötig – um sich stellen.
Für sich ganz allein zu sorgen
für das Heute und das Morgen.

Einzukaufen, zu bedenken,
was gebraucht, was zu verschenken,
Kühlschrank füllen, Frostbereiche,
Abwechslung, nicht stets das Gleiche.
Die Produkte ausprobieren,
auch zu lernen, zu dosieren,
zu bewirten liebe Gäste,
zu verwerten alle Reste.
So entfalten Männer sich
nach und nach am Küchentisch,
durch Diät, falls man's versteht,
schließlich zum Geschmacksathlet.

KARTOFFELBREI

Kartoffelbrei in Handarbeit
braucht immer etwas länger Zeit.
Wer Selbstgekochtes lieber mag
als Tütenware Tag für Tag,
ist ab und zu mal zu bewegen,
die Hand selbst einmal anzulegen.
Kochen, Quetschen und Zerkleinern,
zum Püree danach verfeinern
mit Milch und Butter je nachdem,
entsteht ein sahniges Poem.
Zwiebel, Grünzeug und Tomaten,
nicht zuletzt ein Stückchen Braten
krönen diesen bunten Teller.
Schlage nach bei Rockefeller,
der Kartoffelbrei gern mochte,
ob er ihn auch selber kochte?

BRATKARTOFFELN

Bratkartoffeln sind im Grunde
Reste einer Mittagsrunde,
die noch einmal bis zuletzt
großer Hitze ausgesetzt.
Kümmel, Salz, ein wenig Pfeffer,
gut dosiert sind's Gütetreffer.
Bratkartoffeln, Bratenkloß
bleiben meistens bratenlos.
Hoffnungsvoll ist zwar der Name
weiter nichts als nur Reklame.

SPAGHETTI

Fadennudeln tellerweise
sind der Kinder Lieblingsspeise.
Liegt es an den dünnen Fäden
ohne Knochen, ohne Gräten?
An der Technik sie zu fassen,
sie nicht wieder fallen lassen.
Leicht sind sie selbst zu verschlingen,
ohne Magenschmerz zu bringen.
Manche wollen widerstreben,
bleiben an der Wange kleben.
Diesen Anblick zu genießen,
lässt hier Loriot schön grüßen.
Alle aber müssen schmunzeln,
keiner mag die Stirne runzeln,
denn bei der Spaghetti-Runde
wird gelacht mit vollem Munde.

MARINIERTER HERING

Statt Fleisch doch lieber Fisch zu essen,
mahnt die Reklame vieler Messen.
Die Nordsee, die bald „überfangen",
Bestände die zurückgegangen,
verkleinerten auf unserm Tische
die Vielfalt dieser Meeresfische.
Jedoch die Heringsangebote
verbesserten die Heringsquote.
Den Salzgehalt aus Salzgewässern
durch Marinade zu verbessern
mit Zwiebel, Gurke und Finesse
zur echten Delikatesse.
Damit der Hering untertaucht,
wird Saure Sahne noch gebraucht,
der stundenlang dort still pausiert,
bis Fisch und Soße mariniert.
In diesem Zustand geht's ihm besser
als vorher in dem Salzgewässer.

SALATE

Statt der vielen Präparate
schätzen andere Salate,
kostengünstig hergestellt,
was natürlich gut gefällt.

Kräuter, die im eignen Garten
bald gepflückt zu werden warten:
Löwenzahn und Gartenkresse,
Gänseblümchen als Finesse,
Spitzweg'rich bekannter Weise,
Sauerlump, die Solospeise.

Gut gewaschen und zerkleinert
werden sie mit Öl verfeinert,
Salz und Zucker, eine Spur,
mit Zitronensaft noch pur.

Viele Varianten kennen,
die sich „Salatfreunde" nennen,
Vitamintabletten trotzen,
Kräuter kauen bis zum „Geht nicht mehr".

DIE WASCHMASCHINE

Die Waschmaschine ohne Frage
wär' in der Küche eine Plage.
Im Keller oder Bad dagegen
ist sie für jedermann ein Segen.
Ein Wasserabfluss garantiert,
dass durch das Wasser nichts passiert.
An Waschprogrammen es nicht fehlt,
sorgfältig wird es ausgewählt.
Ganz ohne Aufsicht – je nachdem –,
läuft jeder Waschvorgang bequem
und schenkt dem Waschgehilfen Zeit
für eine andre Tätigkeit.

DIE SPÜLMASCHINE

Die Arbeit einer Spülmaschine
erinnert an Geschirrlatrine.
Ist der Vergleich auch nicht korrekt,
ein Fünkchen Wahrheit in ihm steckt.
Geduldig schluckt sie jeden Rest,
den ein Satter liegen lässt.

SCHENKEN (J. RINGELNATZ)

Schenke groß oder klein,
aber immer gediegen.
Wenn die Bedachten die Gaben wiegen,
sei dein Gewissen rein.
Schenke herzlich und frei,
schenke dabei,
was in dir wohnt
an Meinung, Geschmack und Humor,
sodass die eigne Freude zuvor
dich reichlich belohnt.
Schenke mit Geist ohne List,
sei eingedenk, dass dein Geschenk
du selber bist.

EIN GESCHENK FÜR DICH ZU FINDEN

Ein Geschenk für dich zu finden,
was dir wirklich Freude macht,
zum Geburtstag einzubinden,
hab ich lange nachgedacht.
Bücher, Bilder, auch Atlanten,
Videofilme und CDs
sind in reichem Maß vorhanden,
man vermeidet ja Klischees.
Auch Likör und Süßigkeiten,
kurzlebig und zum Verzehr,
die zum Naschen gleich verleiten,
machen nicht sehr viel daher.
„Also" – funkt das Denkgehäuse
und es blüht die Fantasie:
„Schenk ihm einfach ein paar Mäuse,
die bekam er doch noch nie!".
Wenn auch Menschen Mäuse meiden,
nimm sie dennoch liebend an,
bald wirst du sie sicher leiden
und gar Freude haben dran.
Mäusen kann man's nicht verwehren
und von jeher gilt der Satz,
dass sie sich recht schnell vermehren,
sei es auch nur für die Katz.

GESCHENKE

Wer etwas Zeit von sich verschenkt
und nicht am Maß der Dinge hängt,
erhält meist vom erlebten Glück
auch einen Teil davon zurück.

Ein Gutschein ist geschenkneutral,
verlagert so die Qual der Wahl
auf Jenen, der sich brav bedankt
und um die Wahlentscheidung bangt.

Auch Bargeld ist geschenkneutral,
verlagert wiederum die Wahl
auf Jenen, der es dann zuletzt
einfach in Zeit hat umgesetzt.

Mit Handwerkskunst Zeit investiert
zu ganz besond'rem Danke führt:
Geländer für die Sicherheit
Heißt dauerhafte Dankbarkeit.

DAS GESCHENK

Einmalig in der weiten Welt
ist ein Geschenk ganz ohne Geld,
weil Gott uns seine Ewigkeit
erschloss aus Liebe vor der Zeit,
zu glauben fest an Jesu Christ,
der Weg und Ziel zum Vater ist.
Dem, der uns alle Gaben gibt,
sei Lob und Dank, dass er uns liebt.

KALENDER

Kalender – der Begleiter –
diskret und meist neutral,
verlässlich, manchmal heiter,
bisweilen auch banal.
Die Bilder blicken weit voraus
und schauen auf das Jahr.
Am Ende stellt sich dann heraus,
dass Vieles anders war.

KALENDER

Wenn im Herbst die Blätter fallen,
löst sich der Kalender
leise auf in Wohlgefallen,
schon ist es Dezember.
Zeit ist's für das neue Jahr,
bald daran zu denken
an ein neues Exemplar:
Gern lässt man sich's schenken.

TASCHENKALENDER

Es sammelt Erfahrung
ein Mahner, ein Sender,
mit seltsamer Nahrung –
der Taschenkalender.
Arztbesuche, Behördengänge
füttern die Seiten
wie jede Menge
Trainingszeiten.
Ob's heiß ist oder friert,
er koordiniert.
Wertvoll aber mein Schatz,
in jeder Jacke findet er Platz.
Solltest du ihn doch mal vermissen,
bist du völlig aufgeschmissen.
Halb so schlimm – weil jetzt
das Smartphone ihn längst ersetzt.

GEDANKEN ZUR WAHL DES SCHÖNSTEN DEUTSCHEN WORTES 2004

Um das schönste Wort zu nennen
aus der tausendfachen Zahl,
heißt es ehrlich zu bekennen:
Fast unmöglich ist die Wahl.
Von den vielen schönen Worten,
die's im deutschen Sprachraum gibt,
so im Süden wie im Norden
sind gar manche sehr beliebt.
GLAUBE, HOFFNUNG, LIEBE – stehen
in den Briefen für Korinth,
die vom biblischen Geschehen
heut' noch überliefert sind.
Gute Worte sind lebendig,
sie beflügeln Herz und Hand,
bleiben zeitlos – doch beständig –
als ein Schatz im ganzen Land.

DIE ZEIT, DIE UNS GEGEBEN

Die Zeit setzt klare Zeichen
im täglichen Gescheh'n,
die sich einander gleichen
im Kommen und im Geh'n.
Die Zeit, die uns gegeben
mit jedem Augenblick,
gestaltet unser Leben
zu einem Mosaik,
das zeigt, wenn es vollendet,
was wir hineingelegt,
wo wir die Zeit verschwendet,
wann Gutes wir bewegt.

ZEIT ALS EINE GABE

Vierundzwanzig volle Stunden
schenkt uns jeder neue Tag.
Zeit – die abläuft in Sekunden –
unterteilt in Stundenschlag.
Jedem ist umsonst gegeben
gleiche Zeit als Kapital,
um es auszufüll'n mit Leben,
möglichst auch nach eig'ner Wahl.
Doch bald fordern manche Pflichten,
die sich häufen nach und nach,
dies und jenes auszurichten,
werden bald zum Ungemach.
Für Termine braucht's Kalender
gegen die Vergesslichkeit,
sogenannte Zeitverschwender
warnen vor verlor'ner Zeit.
Wo bleibt Raum für eine Pause
im Getriebe Tag für Tag,
ob im Urlaub, ob zu Hause,
dass man mal verschnaufen mag.
Die Gedanken innehalten,
sich besinnen auf das Ziel
und nach stillem Händefalten
prüfen seinen Lebensstil.
Denn die Zeit als eine Gabe,
die mit anderen geteilt,
wirkt wie eine Bienenwabe,
deren Honig stärkt und heilt.

NOTZEIT UND ZEITNOT
(eine Wortumkehrung mit Folgen)

Die „Notzeit" schweißt zusammen,
teilt Kummer und auch Leid.
Gefühle, die entflammen,
vermitteln Rat und Zeit.
Sobald die Not zu Ende,
tritt sie verklärt zurück
und nach des Wortes Wende
heißt „Zeitnot" nun das Stück.
Das Wort – so umgewandelt –
beklagt bald neuen Frust,
den man sich eingehandelt,
nicht selten, ganz bewusst.
Wo man die Zeit im Leben
als ein Geschenk versteht
und Nöte möcht' beheben,
erwächst draus ein Gebet.

ZEIT IST GELD
- EINE ENTGEGNUNG -

Wenn Zeit – Geld ist, dann scheint es egal,
weil Geld – Zeit ist, womit ich bezahl'.
Jedoch diese Logik bringt uns nicht weit:
Zeit ist nicht Geld und Geld ist nicht Zeit.
Wer Zeit nicht nur für sich behält,
das Sprichwort auf den Kopf gar stellt
und Zeit verschenkt – als ein Verzicht –
entzündet so ein kleines Licht,
das auch des Nächsten Haus erhellt:
Dann ist Zeit mehr wert oft als Geld.

SOMMER- UND WINTERZEIT

Zeitabläufe – in sich stimmig –
haben sich sehr lang bewährt.
Jeder Eingriff endet grimmig
oder sogar ganz verkehrt.
Auch die Trennung Sommer – Winter
brachte für die Zeit kein Glück,
was steckt eigentlich dahinter,
einmal vor und dann zurück?
Immer nur der kleine Zeiger,
der sich wie und wann bewegt
als ein prinzipieller Schweiger,
ob das Springen er verträgt?
Erster Schritt von zwei nach drei
ruft die Sommerzeit herbei *(MESZ)*.
Meistenteils im Monat März
als ein später Faschingsscherz.
Rückwärtssprung von drei auf zwei
scheint dem Uhrwerk fast fatal,
dass die Sommerzeit vorbei,
was für manchen ganz normal *(Normalzeit MEZ)*.
Bei „normal" fällt mir nichts ein,
sollte dies ein Irrtum sein?

ZEITUMSTELLUNG

Zeit als ein Geschenk betrachten
halten viele als Problem,
auf erfüllte Zeit zu achten,
scheint dagegen unbequem.
Zeit zu messen nach Belieben,
eine Art Rechtfertigung,
wird seit langem schon betrieben
bis hin zum Panoptikum.
Hier und da wird noch bewundert
eine alte Sonnenuhr,
die fast über zwei Jahrhundert
folgt dem Zeitlauf der Natur.
Tageslicht besser zu nutzen,
fiel es Beni Franklin ein,
Zeigerumlauf zweimal stutzen,
könnte dies die Lösung sein?
So entstand in vielen Ländern
ungeordnet dieser Drang:
Irgendwie die Zeit zu ändern,
was grundsätzlich doch misslang.
Kurz vor der Jahrtausendwende
kam es zum EU-Beschluss,
s' Durcheinander fand ein Ende,
weil sich jeder halten muss.
Umzustellen zweimal jährlich,
Winterzeit und Sommerzeit,

beides scheint auch ungefährlich
außer großer Müdigkeit.
Schließlich drang es bis nach Brüssel,
dass kein Energie-Effekt,
der als ursprünglicher Schlüssel
hinter diesem Aufwand steckt.
Von millionenfach Befragten,
über online abgestimmt,
waren's 80 %, die klagten,
dass der Quatsch ein Ende nimmt.
Hoffentlich wird bald entschieden,
dass die Umstellung passé,
alle Uhren haben Frieden
und die Menschheit ruft juchhe.
Lass die Zeit in Ruhe laufen,
festzuhalten bringt nichts ein,
Zeit dagegen „auszukaufen"*,
kann für dich ein Segen sein.

nach Epheser 5, 16

EINSTEIN
UND SEINE RELATIVITÄTSTHEORIE
$E = m \cdot c^2$

Einstein steht für sich, den Einen,
im Plural gibt's deshalb Keinen.
Seinen Ruhm hat er genossen,
steinig zwar, doch unverdrossen.
Raum und Zeit bracht' er ins Rollen,
Hochachtung ist ihm zu zollen.
Vor den klaren Theorien
ist noch heut' der Hut zu ziehen.
Mancher tut dies nur zum Scheine,
er schätzt mehr die Pflastersteine,
die so Vieles schon ertragen,
nie nach Albert Einstein fragen.

WAS DIE WELT – NICHT NUR – IM INNERSTEN ZUSAMMENHÄLT

Erkennen, was die Welt
im Innersten zusammenhält,
hat Goethe angetrieben,
im Faust ausführlich schon beschrieben.
Auch in der Zeit der Aufklärung
erhielt das Thema neuen Schwung.
Vernachlässigt im Kriegsgeschrei
war's mit der Utopie vorbei.
Auch heute stehen neue Fragen,
was kann die Erde noch vertragen,
bevor sie gar im Strafgericht
mit uns total zusammenbricht.
Bekannte Rituale
zum wiederholten Male
verfassten lange Listen
statt abzurüsten.
Klimakiller, Brot für alle,
Menschenwürde, Armutsfalle,
Rohstoffknappheit, Waffenhandel
fordern dringend einen Wandel.
Herr Goethe konnte dies nicht ahnen
und würde heute sicher mahnen,
vielleicht sogar im Stoff zu bleiben,
das Drama dieser Welt zu schreiben.

Zwar sind die Fakten längst bekannt,
bei gutem Willen und Verstand
wär's höchste Zeit, etwas zu tun,
statt sich auf Loorbeer'n auszuruh'n,
untätig und betroffen
auf bessre Zeiten hoffen.
Wo einer wagt den ersten Schritt,
nimmt er den Nachbarn staunend mit.

3. FAMILIENBANDE

EINSICHTEN

Jede Herde braucht den Hirt',
wie das Gasthaus einen Wirt.
Arbeit wird zurecht entlohnt,
Miete zahlt, wofür man wohnt.
Förster pflegen ihr Revier,
Pianisten das Klavier.
Kindern gebt Geborgenheit,
ohne Stress und ohne Streit.
Jeder Mensch in Stadt und Land
wünscht die ausgestreckte Hand
eines Menschen, der mit Herz
ihn begleitet himmelwärts.
Alles hat so seine Zeit,
das gilt selbst für Freud und Leid
und die Frage nach dem Sinn,
wie das Leben fernerhin,
was ans Herz uns Gott gelegt
und sein Wille still bewegt.
Erst am Ziel wird offenbar,
was doch gut und richtig war.

GRÜßE

Sich zu grüßen gilt als Zeichen –
sei's beim Kommen oder Geh'n –
mit und ohne Händereichen
sich zu schätzen und versteh'n.
„Guten Morgen", „Tag" und „Abend",
„Gute Nacht", „Aufwiederseh'n",
auf die Resonanz achthabend
aufeinander zuzugeh'n.
„Grüße", „Grüß dich" sind zu hören
und im Süden noch „Grüß Gott",
niemand wird sich daran stören,
dass sie kurz und etwas flott.
Doch als Folge der Moderne
grüßt man seit geraumer Zeit
laut mit „Hallo" schon von ferne,
immer gibt's Gelegenheit.
Das „Hallöchen" klingt noch fescher,
es verrät Temperament,
ziemt sich nicht für Pressesprecher
und auch nicht im Orient.
„Tschau" und „Tschüss" als Abschiedsgrüße
stammen aus dem Nachbarland,
von „Adieu" – leb wohl du Süße –
mit galantem „Küss die Hand".
Grüße setzen eigne Zeichen,
deren Wünsche fortbesteh'n:
„Guten Morgen", „Tag", desgleichen
„Gott befohl'n", „Aufwiederseh'n".

INTAKTE FAMILIEN

Intakte Familien
mit Mann, Frau und Kind
tragende Pfeiler sind
zum Wohle im Staat,
nach göttlichem Rat.

Der Familien kleine Zelle
ist und bleibt beständ'ge Quelle
für ein Volk und dessen Land
mit dem Frieden als Garant.

FAMILIE

Was Familie ist und war,
schien bis jetzt fast jedem klar.
Doch in unsrer Gegenwart
das Gebilde kräftig knarrt,
bis es hier und da zerbricht,
neue Rechte, andre Pflicht.

Statt der Ehe-Partnerschaft
mit Vertrag, oft lückenhaft,
frei zu sein ein Leben lang,
ohne Bindung, ohne Zwang.

So entsteht ein Single-Land,
was sich leider selbst erfand,
das dem Status abgesagt
und nach neuen Wegen frag.

DEM BRAUTPAAR

Wenn zwei Herzen sich gefunden
und für's Leben dann verbunden
ihren Weg gemeinsam gehen,
ist die Freude zu verstehen:
Miteinander voll Vertrauen
zuversichtlich vorwärts schauen,
unverdrossen alles teilen,
im Besinnen mal verweilen,
auch an manchen trüben Tagen
Lasten stets gemeinsam tragen,
wenn es nötig scheint verzeihen
und von Zwängen sich befreien.
Ehrlichkeit in allen Dingen –
so wird „Ehe" auch gelingen.
Solches Glück und Gottes Segen
wünschen euch auf euren Wegen
wir, die diese Zeilen schrieben
und euch auch von Herzen lieben.

FÜR URENKEL VINCENT
(zur Taufe am 11.06.2016)

Wenn ich's noch nicht verstehen kann,
Gott nimmt mich zur Taufe an,
weil Eltern und die Paten
mir jene Tür auftaten,
in der mich Gott berührt
und mich durch's Leben führt,
der meine Wege kennt
und mich beim Namen nennt.
IHM darf ich ganz vertrauen,
auf seine Hilfe bauen,
sie alle Zeit erfahren,
mit Dank auch niemals sparen.
Wenn später ich bekennen kann –
Gott nimmt mich zur Taufe an –
weil ich mich zu IHM halten
und meine Hände falten,
zum Lob dein, Herr Jesu Christ,
der uns zum Heil erschienen ist.

NOMEN EST OMEN

(Der Name deutet schon darauf hin – Duden)

Jedes Kind, kommt es zur Welt,
seinen Namen gleich erhält,
wird vom Amte registriert
als ein Mensch, der existiert.
Eltern haben mit Bedacht
lange, lange nachgedacht,
hin und her noch überlegt,
wie ein Name Menschen prägt,
auf die Vorfahren geschaut,
wie und was sie aufgebaut.
Weil's nicht möglich, die zu fragen,
die den Namen später tragen,
trifft man schließlich selbst die Wahl
für sein Kind – als Original,
das zum Trost, wenn's diesen gibt,
auch den Kosenamen liebt.
Aktuell zur „Namenswende"
steht die Auswahl hier am Ende:
Anton Fritz und Josephine,
Paula, Klara, Karl, Hermine,
Erwin, Kurt, sowie die Anna,
Max und Emil, die Johanna,
die Louise wird gewählt,
Louis, das Pendant nicht fehlt.
Martha, Oskar, Laura, Walter,
Gustav aus dem Mittelalter.
Einige der Altbekannten
werden dabei zu Verwandten
und für jedes neue Leben
wird's ein „omen" sicher geben.

WIE SCHÖN DER PAPA SINGEN KANN

Heißt es: Lasst uns ein Lied erklingen,
lässt mancher lieber andre singen,
die's besser können, wie er meint,
weil sie in einem Chor vereint,
und außerdem sagt er sehr häufig,
die Texte sei'n ihm nicht geläufig.
Doch eines Abends – ungeniert –
wird er von seinem Sohn traktiert,
mit ihm am Bett ein Lied zu singen,
der Papa wird gewiss eins bringen.
Der Mond am Himmel – sternenklar –
hört, dass von ihm die Rede war.
Was Claudius einst geschrieben hat,
singt Papa Vers für Vers vom Blatt.
Da staunen Mond und Sohnemann:
Wie schön der Papa singen kann.

SCHULANFANG

Kinder freu'n im Großen Ganzen
sich auf ihren Schulanfang,
tragen stolz den neuen Ranzen,
teils erwartungsvoll, teils bang.
Lernen, Lesen, Rechnen, Schreiben
sowie Zeichnen mit Geschick,
Zeit wird trotzdem noch verbleiben
für ein Spiel und Basteltrick.
Still zu sitzen, aufzupassen,
fällt zunächst noch etwas schwer –
seinen Platz nicht zu verlassen,
wegzulaufen – kreuz und quer.
Musizier'n, gemeinsam singen
gibt natürlich frischen Schwung
und das Lied, was sie schon bringen,
steigert die Begeisterung.
Oma, Opa herzlich grüßen
aus der Ferne – indirekt,
Zuckertüten soll'n versüßen
mit all dem, was darin steckt.
Ist eröffnet nun der Reigen,
folgt so manche neue Pflicht,
jede Stufe, die zu steigen,
fordert Kraft und Zuversicht.
Was begonnen, soll gelingen
im Vertrau'n auf Gott's Geleit,
dessen Rat in allen Dingen
gibt sodann Geborgenheit.

KINDERMUND

Unverblümt und ohne Zaudern
weiß der Kindermund zu plaudern.
Kinder wollen alles wissen,
blicken hinter die Kulissen,
wenn sie voller Neugier fragen
oder ohne Scheu auch sagen,
was sie umtreibt oder denken,
wissentlich auch keinen kränken.
Woll'n die Sachen selbst beäugen,
richtig davon überzeugen.
Spielerisch im Kombinieren
lernen sie zu registrieren
und versuchen zu verstehen,
was sie bei den Großen sehen.
Niemals darf man sie belügen
oder Unrecht gar zufügen,
vielmehr soll'n wir uns bequemen,
sie in allem ernst zu nehmen.
Sei'n wir Großen nicht empfindlich,
Kinder äußern sich doch kindlich
und es gibt kaum einen Grund,
gram zu sein dem Kindermund.

DER URENKEL-RUNDBRIEF

Weil die Familien wachsen
in Bayern und in Sachsen,
vergrößert sich von Mal zu Mal
der Nachwuchs als Urenkelzahl.
Die Fußballmannschaft sich nicht lohnt,
weil jeder doch woanders wohnt.
Besuche gibt es leider selten,
zu twittern aber lässt man gelten.
Weil ein Geburtstagsgruß beliebt,
es den Urenkel-Rundbrief gibt.
Der Opa hat drum nachgedacht,
den Rundbrief auf den Weg gebracht,
den jeder der Urenkelschar
erhält und weiterreicht im Jahr,
ergänzt noch durch paar eigne Worte,
ein Bild, witzig von guter Sorte.
So können sich Kontakte schließen,
wenn sich Cousin, Cousine grüßen,
damit der Rundbrief Freude macht,
wenn alle fleißig nachgedacht.

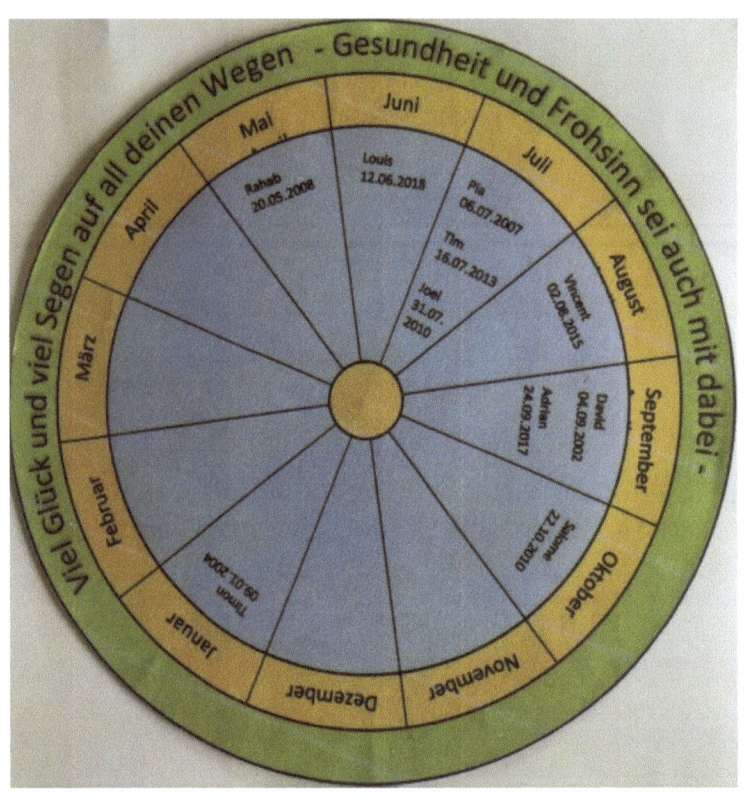

PAPIERVERSCHWENDUNG

Wer die Tageszeitung hält,
zahlt dafür noch reichlich Geld,
wird vom Neusten informiert.
auch wenn's wenig int'ressiert.
Wochenspiegel, Wochenende
gleichen sich in der Legende,
neu ist nur der Journalist,
dessen Name man vergisst.
Jede Menge von Reklamen
für die Herren und die Damen,
für die Kinder und die Reisen
zu meist stark gesenkten Preisen.
Spendenaufruf auch nicht fehlt
für die Not in aller Welt.
Würde das Papier gewogen,
ging's um Kilo ungelogen,
was die Boten zu verteilen
jeden Tag sich neu beeilen.
Um den Rohstoff einzusparen,
möchte man dazwischen fahren,
denn Papier ist zwar geduldig,
nur der Mensch macht sich selbst schuldig,
der zerstörend sich verhält,
weiterhin die Bäume fällt.
Altpapier als eine Lanze
für das große Ganze
ist ein kleiner erster Schritt,
geh ihn mit.

EIN ALTER MENSCH

Ein alter Mensch – ein Pessimist –
trifft einen, der gleichaltrig ist
und lässt sogleich ihn wissen:
Ihm gehe es jetzt sehr be...scheiden.
Er zählt gleich alle Leiden auf –
der andre kennt sie selbst zuhauf –,
die einen alten Mensch erfassen
und auch nicht mehr in Ruhe lassen.
Schon schlecht'res Sehen, Riechen, Hören
sind Anzeichen, die spürbar stören.
Schmerz in Gelenken und im Rücken,
dass man sich kaum noch traut zu bücken,
nicht mehr wie früher alles kauen
und manche Speise schlecht verdauen,
Termin und Namen oft vergessen,
den Blutdruck und den Zucker messen,
die Medizin dosiert einnehmen
und manchmal vor sich selbst gar schämen.
Dies alles und den Schwung vermissen,
bezeichnet jener Mensch be...scheiden.
Der Gleichaltrige meint dagegen,
vielmehr gilt es zu überlegen,
was doch an jedem neuen Tage
erleichtert manche dieser Plage:
Stets reichlich Brot, gesund zu leben
mit Früchten, die's einst nicht gegeben,

die warme Wohnung, saub'res Wasser,
die Freunde, Nachbarn, keine Hasser,
die Sonnenauf- und Untergänge,
auch Blumen, Tiere jede Menge,
sich mit dem Hobby einzulassen,
mit Büchern und Musik befassen,
sich freuen an so vielen Dingen,
vielleicht auch selbst im Bad zu singen.
Dann wird es jeden Abend reichen,
zu danken für all diese Zeichen.

BITTE

Herr – lass mich in Würde
bis ans Ende geh'n
und des Alters Bürde
als Klausur versteh'n,
die trotz stummer Fragen
neue Kräfte schenkt,
die durch Ängste tragen
und das Ziel bedenkt.
Herr – lass mich in Würde
gnädig weitergeh'n
und mit meiner Bürde
dann vor dir besteh'n.

VERNETZTE VERWANDTSCHAFT
UND ALTE EHRENNAMEN

Kinder tragen ihren Namen
meist wie Vater, Mutter schon,
wie sie einmal dazu kamen,
lehrt uns eine Exkursion.

Weit zurück in die Geschichte
der Familie fern und nah,
übers Stammbuch und Berichte,
was im Lande einst geschah.

Die Berufe, Tätigkeiten,
was das Leben ausgefüllt,
Kriege und die Hungerzeiten,
mal im Wort und mal im Bild.

Opas eigne Namensspur
wird nicht lang erörtert,
mit vorangestelltem „Ur"
werden zwei befördert.

Als der Großeltern Geschwister
stehen Onkel und die Tanten
nach der Reihe im Register
als die nächsten Anverwandten.

Kinder dieser Onkel, Tanten
sind Cousins sowie Cousinen,
überall in deutschen Landen,
wanderfreudig wie die Bienen.

Nichten einschließlich der Neffen
sind auf der Familienbühne

hin und wieder anzutreffen,
meist identisch mit Cousine.

Was tatsächlich kurios
im verzweigten Stammbaumschoß,
immer weiter rückwärts gehend:
Gleiche Namen ohne Tadel,
ehren volle Titel sehend
und verpflichtend wie beim Adel.
Heute sieht man es historisch
und betrachtet's illusorisch.

Beispiele von Ehrennamen:

- Stamm Großeltern
- Ahnen Großeltern
- Urahnen Großeltern
- Erzeltern
- Erzahnen Urgroßeltern

Ob sich mit den Ehrennamen
Gen'rationen näher kamen,
ist bis heute nicht geklärt,
schließlich scheint es ja verjährt,
weil geschwoll'ne Ehrennamen
langsam aus der Mode kamen.

Doch zum Schluss noch eine Blüte,
die von ganz besond'rer Güte.

Großcousin und Großcousine
sind auf der Familienbühne
immer guten Rates
und die Neffen zweiten Grades,
auch wenn dieses schwer verständlich,
denn Familiennetze sind unendlich.

BEIM BETRACHTEN EINES ALTEN FOTOS

Hundert Jahre hat die Welt
sich seither gedrehet,
dass ein Vorfahr' wie ein Held
porträtiert dastehet.
In die Augen musst du seh'n,
um nach so viel Jahren
diese Blicke zu versteh'n,
die die Zeit bewahren.
Geben sie vom Leben preis,
was ihn je bewegte,
seine Ziele, seinen Fleiß
und was ihn erregte?
Freude und vielleicht auch Zorn,
Lob und manchen Tadel,
Zuversicht im Blick nach vorn,
die Kritik am Adel.
Augenscheinlich spricht dafür,
was bis heut' gilt dir und mir,
dass in jenen Zeiten
Menschen zwischen Pflicht und Kür
konnten unterscheiden.

4. ANDERSWO

GESCHICHTEN UND GEDICHTE

Geschichten und Gedichte
bezieh'n sich von jeher
auf Spuren der Geschichte,
verlaufend kreuz und quer
im Labyrinth der Zeiten,
wo jeder neue Satz
befragt, um zu entscheiden,
ob ihm gebührt ein Platz
im Kanon der Geschichte,
dem weit verzweigten Raum
als eines der Gedichte
und der Geschichten Traum.

So oder so

Die handeln und die dichten,
das ist der Lebenslauf,
der eine macht Geschichten,
der andre schreibt sie auf
und der will beide richten;
so schreibt und treibt sich's fort,
der Herr wird alles schlichten,
verloren ist kein Wort.

Joseph Freiherr von Eichendorff

ANDERSWO

Anderswo stellt selbst sich Fragen,
wo es denn zu finden ist,
niemand kann es sicher sagen,
keiner hat es je vermisst.

Weder Karten, noch Reklame,
auch das neuste Navi schweigt,
und der lang gesuchte Name
wird von keinem aufgezeigt.
„Anderswo" sind auch Gedanken,
die vereint mit Fantasie
außerhalb gesetzter Schranken
mit der eignen Melodie.
Hören auf das schon Gesagte,
unabhängig von dem Ort,
für die Schwachen und Verzagte
mit dem Glauben an das Wort.

ZUM TAG DES BUCHES

In dem großen Bücherturm
sitzt ein kleiner Bücherwurm,
frisst sich still durch Blatt für Blatt,
wird davon jedoch kaum satt.
Hat gefressen und gefressen,
was er fraß, sogleich vergessen.
Weil er viel zu schnell gekaut,
hat er's auch nicht gut verdaut.
Doch der Kopf scheint ihm so schwer,
der ja eigentlich halb leer.
Er versucht es mit Diät,
einer neuen Qualität,
sieht darin ein Phänomen,
das er bisher überseh'n.
Nunmehr frisst er mit Verstand
weiter sich durch's Bücherland.

ZUM TAG DES KUSSES

Die Vereinten Nationen
haben Dinge, die brisant,
wo Gefahren innewohnen,
weltweit Tagen zuerkannt.
Doch da sind auch andre Themen,
die im Alltag sehr beliebt,
frei von schwierigen Problemen,
die's beim Küssen selten gibt.
Tag des Kusses ist so einer,
dessen Wert man gut versteht,
doch im Alltag weiß fast keiner,
was ihm da verloren geht.
Küsschen auf die zarten Babys,
tuen jedem Herzen gut,
sind sie dann nach Jahren Ladys,
fehlt vielleicht gar schon der Mut.
Knigge hat als Sittenwächter
über Anstand nachgedacht
und den Umgang der Geschlechter
auf paar Punkte kurz gebracht.
Jeder Kuss schließt auch ein Zeichen
von Respekt und Würde ein,
wo Empfindungen sich gleichen,
ohne aufdringlich zu sein.
Wird aus Frechheit dies missachtet,
hilft oft praktisch auf der Stelle,
je nachdem wie man's betrachtet,
für den Kuss gar eine Schelle.

KOPF HOCH

Fußgänger im Stadtverkehr
laufen blindlings hin und her
mit dem Smartphone vorm Gesicht,
grad so, als wär's eine Pflicht,
sich vom Handy nicht zu lösen,
mit ihm durch die Gegend dösen.
Viele Ampeln überseh'n,
samt dem übrigen Gescheh'n.
Wo Passanten sie anrempeln,
möcht' man sie zum Rowdy stempeln.
Ihr Verhalten ist fatal,
denn es steigt die Unfallzahl, *
und mit dem gesenkten Kopf
läuft Gefahr manch armer Tropf.
Diesen Missstand abzubau'n,
hilft nur eins: „Nach vorne schau'n".
Kopf hoch! Smobies.

In Honolulu auf Hawaii (USA) wurde deshalb ein Bußgeld von mind.. 35 Dollar für den gesenkten Fußgängerblick eingeführt.

EIN ZEICHEN NUR

Im Strom des Verkehrs dahingetrieben,
gestoppt an der Kreuzung,
dort stehen geblieben –
hängen sie mit gebanntem Blick
am Auge der Ampel –,
das hält sie zurück.
Vertrauend –
grünleuchtend dem Zeichen –
setzen sie über,
um zu erreichen
des andern Ufers sicheren Rand,
ferngesteuert
von Unbekannt.
Ein Zeichen nur,
die Botschaft ist klar,
sie nicht beachten,
heißt Lebensgefahr.

WIDERSPRÜCHE

Ruhestand
Mehr und minder im Galopp
läuft der Mensch in seinem Job.
Hoffnung auf mehr freie Zeit
hält der Ruhestand bereit.
Doch statt Ruhe heißt's dagegen:
Bewegen, bewegen, bewegen.

Leichtathleten
Leichtathleten haben die Pflicht,
Kampf anzusagen dem Übergewicht.

Anfang und Ende einer Ehe
Ein Hochzeitspaar schließt eine Ehe,
obwohl die g'rade erst beginnt.
Beendet man den Bund nach Jahren,
eröffnet's Amt dieses Verfahren,
auch wenn sich beide einig sind.
Die Wortverwechslung kann allein
nicht Grund für's Paradoxon sein.

Etiketten

Etiketten sind wie Kletten,
die wir oftmals unbedacht
an dem and'ren festgemacht.
Sie erfassen nicht das Ganze
und verschweigen jenen Glanze,
der in jedem Menschen steckt,
unentdeckt.
Etiketten haben Ketten,
die die Freiheit binden,
Würde aufzufinden.

WARTEN

Zu warten ist sehr unbeliebt,
weil es im Leben Schön'res gibt,
als Nummer x im Wartezimmer,
in Warteschlangen, wo auch immer.
Dem Wartenden ist wohl bewusst,
die Stunden hier sind Zeitverlust.
Zum Glück – und das gibt wieder Mut -,
das Warten tut auch manchmal gut.
Zum Beispiel auf die Ferienzeit,
auf Stunden der Gemeinsamkeit,
bis Flieger in den Urlaub starten
und Eltern auf ihr Baby warten,
nach Krankheit auf die Besserung,
auf neue Ziele, neuen Schwung.
Bleibt auch manch' Wunsch noch offen,
beflügelt durch das Hoffen,
wird Wartezeit schon fast Gewinn
der Freude vorab tief'rer Sinn.

ERWARTEN

Erwarten frei von eigner Schuld
bedarf natürlich viel Geduld,
die fest auf Gottes Worte baut,
und seiner Weisheit still vertraut.

Bis sich am Ende zeigen wird,
dass er noch niemals sich geirrt,
erwarten können gleicht dem Licht
und stärkt das Inn're Gleichgewicht.

LÜGEN

Lügen haben kurze Beine,
wie ein Sprichwort sagt,
selten bleiben sie alleine,
was man sehr beklagt.
Besser wär's, sie hätten keine
kurzen oder langen Beine,
könnten sich nicht mehr verbreiten
oder um die Wahrheit streiten.
Auch in Grenzen blieb der Schaden,
den die Lügner auf sich laden.
Falle deshalb nicht herein,
einer Lüge Bein zu sein.
Ohne Skrupel zu betrügen,
zieht auch nach sich oft das Lügen.
Seine Lügen zu verstecken,
dass sie niemand kann entdecken,
bis entsteht am bitt'ren Ende
märchenhaft eine Legende,
die der Logik widerspricht,
mit dem Ruf „Das glaub ich nicht!".
Nicht zu lügen offenbar,
zeigt der Weg, wie's wirklich war.
Kommt irgendwie der Mensch in Not,
nimmt er der Lüge Angebot
als einen Ausweg an.
Doch bald danach spürt er die List,
dass dieser Weg ein Irrweg ist,
weil er nun unterscheiden kann,
dass jede Lüge ein Tyrann.

AUF REISEN

Wer möchte nicht auf Reisen geh'n.
um aus der Nähe selbst zu seh'n.
Was er bisher aus Büchern kennt
und jeder Katalog benennt.
Ob in der Nähe oder Fern,
mit Gruppen, aber auch intern,
auf Reisen blickt man wie bekannt
auch über'n eig'nen Tellerrand.
Dies gilt nicht für die Speisen nur,
auch für Geschichte und Kultur,
welch' Religionen gibt's vor Ort,
was zeigt die Kunst, wie treibt man Sport,
verläuft der Alltag ohne Hast?
Was denkt man über mich, den Gast,
der ihre Gastfreundschaft hoch schätzt,
des ander'n Würde nicht verletzt. (hoffentlich)
So manche Trennungsschranke weicht,
wo Menschen sich die Hand gereicht.
Daheim dann wieder – wie gewohnt –
denkt man zurück: Hat sich's gelohnt?
Bereichert und mit weitem Blick
macht es vielleicht auf einmal klick!
Was Heimat heißt, ganz neu versteh'n,
mit ander'n Augen sie zu seh'n.

HAUS IN DER SONNE

Die Sonne scheint ins Kellerdach,
lass sie doch!

Den Spruch kennt beinah jedermann,
weil man ihn leicht sich merken kann.

Im Erdgeschoss die Kinderschar
wünscht sich ein langes Sonnenjahr.

Im ersten Stock ist es noch still,
weil es das Rentnerpaar so will.

Im zweiten Stockwerk brennt schon Licht,
den Angestellten ruft die Pflicht.

Im dritten, vierten Stockwerksflur
steigt stündlich auch die Temp'ratur.

Die Wolken reizt der Unterschied,
bis keiner mehr die Sonne sieht.

UNBENOMMEN

Computer und das Internet
sind Standard heutzutage.
Ein Haushalt wirkt erst dann komplett
mit solcher Netzanlage.
Wer dies nicht hat und auch nicht will,
erscheint als Mensch von gestern.
Ganz unbenommen bleibt er still,
wer wollte deshalb lästern?
Er schickt die Briefe noch ins Land
an Freunde und die Lieben
per Post und mit der eignen Hand
auf Briefpapier geschrieben.
Was gestern gut und heute schick,
wird morgen neu vergeben,
eine E-Mail macht zwar schneller „klick":
Bereichert's auch das Leben?

Tröstlich

Ganz ohne Computer –
du armes Luder –
ist nichts zu verrichten.
Mitnichten!
Er kann weder denken,
noch dichten.

UNERHÖRT

Beim kleinen Wörtchen „unerhört"
ist mancher sogleich sehr empört,
verbindet es mit Unmoral
und denkt am Ende an Skandal,
an widerliche Possen
gewisser Zeitgenossen.
Das ist die Seite, die echt stört,
weil das Verhalten „unerhört".
Des Wörtchens andre Seite zwar
nimmt eine Minderheit nur wahr,
weil abgelehnt und ungehört
Vertrauen schon im Keim zerstört,
wo Forderungen unterdrückt
und eine Einigung missglückt.
Zur rechten Zeit ein off'nes Ohr
kommt leider viel zu selten vor.

IM KRANKENHAUS

Krankenhäuser sind Gebäude,
die erbaut für kranke Leute,
welche irgendwie betroffen
mit Geduld auf Heilung hoffen.

Jeder, der grad nicht krank seiend,
geht vorüber sehr befreiend,
bis es ihn einmal erwischte,
und er lernte die Geschichte,
als Patient von innen kennen,
wochenlang darin zu pennen.

In der Nacht ward's Pennen schlimmer,
denn er lag im 4-Bett-Zimmer,
und die seltsamsten Geräusche
störten mehr als alle Schläuche,
die ihn doch zur Ruhe mahnten,
nichts von seinem Zustand ahnten.

Zeigend ihm, was wichtig ist,
was man draußen bald vergisst.

KURZER KRANKENBESUCH

„Wie geht's?" wird gefragt,
der erste klagt,
der andere spricht:
„Das sag ich nicht!",
weil Worte fehlen,
die ihn jetzt quälen.
Zum Schluss – ich vermute –
wünscht man alles Gute.

ANGST

Jeder kennt seit Kindertagen
Ängste, die uns übel plagen,
einzeln oder auch gepaart,
Ängste ganz verschied'ner Art.
Selbst die Großen geben zu:
Angst lässt sie auch nicht in Ruh'.
Sie vertreibt die Lebensfreude,
Zukunftshoffnung und das Heute.
Und sie lähmt das Hier und Jetzt,
alles ist mit Angst besetzt.
An den Ängsten einfach rütteln,
sie womöglich abzuschütteln,
sie als Krankheit zu behandeln
gar in Energie verwandeln,
wird auch Ärzten schwer gelingen,
denn es heißt bei diesen Dingen,
sie vor Gott, den Herrn zu bringen
mit der Bitte um Vertrauen,
Ängste damit abzubauen.

„Weg hast du allerwegen,
an Mitteln fehlt dir's nicht;
dein Tun ist lauter Segen,
dein Gang ist lauter Licht.
Dein Werk kann niemand hindern,
dein Arbeit darf nicht ruhn,
wenn du, was deinen Kindern
*ersprießlich ist, willst tun."**

** nach Paul Gerhardts Lied*
„Befiehl du deine Werke"

ERLEICHTERUNG

Hören, Riechen, Schmecken, Fühlen
knüpfen jede Lebensspur
und verbinden mit Gefühlen
Freud und Leid der Kreatur.
Sie geraten schnell ins Wanken
oder sind sogar bedroht
von der Fülle der Gedanken
wie die Angst ums täglich Brot.
Zukunftssorgen, die bedrücken,
Krieg und jegliche Gewalt
fordern ein Zusammenrücken,
Recht für alle, aber bald.
Sich verzeihen, umzudenken,
einzeln aber auch global,
unsrer Erde Chancen schenken,
nicht wie bisher nur verbal.
Dies vereinfacht die Probleme
sorgloser dann anzugeh'n,
zu bedenken die Systeme,
die für eine Zukunft steh'n,
in der Menschen sich bescheiden,
wie der Schöpfer es erdacht:
Hass und Zwietracht zu vermeiden,
dass es allen Freude macht.
„Nachhaltig" bedeutet Wende
unsres Handelns allgemein,
wenn sie jeder für sich fände,
könnten wir erleichtert sein.

DER FLUSS

Wo der Bach entspringt der Quelle,
sucht sich seinen Weg der Fluss,
schafft ein Bett stets im Gefälle,
unterstützt vom Regenguss.
Sich vertiefend und verbreiternd
quer durch Wälder und die Flur,
nicht an Hindernissen scheiternd,
zieht er weiter seine Spur.
In der Ebne angekommen,
aufgehalten, angestaut,
wird dem Wasser Kraft entnommen,
Ufer werden ausgebaut.
Erst am Ziel der weiten Reise
endet dieses Stromes Lauf
und das Meer auf seine Weise
nimmt ihn ohne Zögern auf.
Von der Quelle bis zur Mündung
rastlos, willens fortbewegt,
denn die fließende Empfindung
ein Geheimnis in sich trägt.

HERBST

Die Schwalben flogen längst nach Süden,
noch strahlt der Blumen Blütenpracht,
wo Lagerfeuer knisternd glühten,
umhüllt das Tal nun dunkle Nacht.
Eichhörnchen sammeln Haselnüsse
als Vorrat für den Winter ein,
auch Menschen ziehen ihre Schlüsse,
doch fürchten sie das Einsam sein.
Der Wind bläst über Stoppelfelder,
sofern sie nicht schon umgepflügt,
und nach und nach wird es auch kälter,
wohl dem, der Unvermeidlichem sich fügt.
Gedankt wird für den Erntesegen,
für alles, was uns ward zuteil,
für Sonnenschein sowie den Regen,
für Frieden, Freiheit – uns zum Heil.
Wo Hass und Krieg die Menschen trennen,
die hungern und zugrunde geh'n,
muss Mitgefühl und Liebe brennen
im „tatkräftig zur Seite steh'n".

KOMPOSTHAUFEN

In einer stillen Gartenecke,
umgeben von der dichten Hecke,
wird – damit auch nichts vergammelt –
der Hauskompost gesammelt.
Halbschatten ist vonnöten,
Wildkräuter abzutöten,
im Haufen unterdessen
unzähl'ge Würmer fressen
sich satt, auf dass verdaute Erde
bald feiner Humus werde.
Der Bio-Abfall wird zuletzt
dann zwei- bis dreimal umgesetzt,
damit selbst vom verwelkten Blümel
nur übrig bleiben kleine Krümel.
Der Kreislauf als ein Stück Natur
gleicht fast schon einer Pferdekur,
für die man in die Hände spuckt
am Bio-Abfall-Endprodukt.

LAUB

Obstbäume im Garten
lassen erwarten,
Früchte zu ernten
in nicht zu entfernten
Zeiten.
Deshalb begleiten
nicht nur in Sachsen
Gärtner das Wachsen
mit freundlichen Mienen
beim Zählen der Bienen,
die selig taumelnd
an Blüten baumelnd
am Nektar schlürfen,
was sie ja dürfen.
Auch Unfälle gibt's beim Honigprodukt,
wenn eine Biene sich plötzlich verschluckt,
als jeder ahnte,
dass der Herbst schon mahnte,
blieben die Blätter taub,
sie fielen als Laub
und dachten – halb schon verwandelt –,
dass sich's um Urlaub handelt,
Urlaub in Nachbars Garten,
der könnt's kaum erwarten.

LANGWEILE

Wie lange währt die Weile,
die man „Langweile" nennt,
wo Schluss ist mit der Eile,
vielleicht ein Lichtlein brennt.
Beim Parken der Gedanken
kommt auch der Mensch zur Ruh',
es fallen manche Schranken,
das „wir" spricht nun zum „du".
Wo Widersprüche zanken,
vergeht die Zeit im Nu.

DAS STÄUBCHEN

Ein Stäubchen saß schon lange
auf der Gardinenstange.
Beim letzten Putz ward es verschont,
weshalb es hier ganz sorglos wohnt.
An manchen Tagen nimmt sich's Zeit
zu teilen der Gardinen Leid,
in farbenfrohen Längen
nur stillherum zu hängen.
Bescheint sie tags der Sonnen Lauf,
kommt schnell bei beiden Freude auf,
Gardine, die nach draußen blickt,
ist von dem Garten ganz entzückt.
Das Stäubchen wärmt der Sonne Strahl,
es scheint zu glänzen auf einmal.
Die Freude ihres Lebens
ist keines Falls vergebens.
Die Putzfrau nimmt beim nächsten Putz
das Stäubchen ganz bewusst in Schutz,
gewährt ihm weiter Sonne
und schont's vor schwarzer Tonne.
Dies Beispiel zeigt auch heute:
Ein Sonnenstrahl bringt Freude.

BATTERIEN

Im Haushalt herrscht heut' wie noch nie
als Stromersatz die Batterie.
An vielen Stellen hat sie jetzt
sich selbstverständlich durchgesetzt.
Armband – Zimmer- – Küchenuhr
ticken mit Batt'rien nur.
Die Haustürklingelmelodie
folgt dem Impuls der Batterie.
Garagentor und Handy sind
der Batterien liebstes Kind.
Vielseitig auch sind unterdessen
die Fernbedienungsinteressen.
Taschenrechner wurden Pflicht,
Taschenlampen spenden Licht.
Ein Sortiment liegt griffbereit,
das, wenn es nötig, jederzeit
die unterbroch'ne Lücke schließt,
damit der Strom bald wieder fließt.
Noch immer fehlt die Einheitsgröße,
dies ist der Batterien Blöße.
Erfindergeist ist angefragt,
dass keiner mehr darüber klagt.
Erscheint dir das gar zu naiv,
liegt einer von uns beiden schief.

5. ALLE HIMMEL IHN NICHT FASSEN

WAS HAT DER TAG FÜR DICH GEBRACHT

Was hat der Tag für dich gebracht,
so fragst du dich am Abend.
Hat er dich wirklich froh gemacht,
bestimmte Ziele habend?

Konnt' Kleinkram fast erdrücken
und Wichtiges missglücken?
Empfingst du gute Worte
vom Nachbarn an der Pforte?

Solche Fragen sind zuletzt
doch negativ besetzt.
Um den Tag noch aufzuhellen,
musst du dir die Frage stellen:

„Hast du Gutes heut' getan?",
darauf kommt ja alles an.
Gottes Urteil wird allein
Maßstab für die Antwort sein.

KLEINER WERDEN MEINE KREISE

Kleiner werden meine Kreise
und an mancher Schwelle steht
die Frage, wie es weitergeht.

Lücken in den Freundesbanden,
häufig durch den Tod entstanden,
Freunde, die sich selbstlos stützten,
wo es nötig, auch beschützten,
die im Glauben und Vertrauen
nun auf unsre Wege schauen,
bis auch unsre Tage enden
und wir ruh'n in Gottes Händen.

TRÄNEN

Den kullernden Tränen auf Kinderwangen
sind Ängste und Schmerzen vorausgegangen.
Doch oft sind sie bald wieder abgewischt
und dankbar erstrahlt deren Angesicht.
Später dann – wenn Erwachsene schweigen –
seltener Rührung und Tränen zeigen,
sind diese dennoch nicht aufzuhalten,
ganz ungewollt bei Jungen und Alten.
Sei es aus Freude oder im Leiden,
nach der Genesung, wie auch beim Scheiden.
Was uns bewegt – wir im Herzen bewahren –,
die Tränen dürfen es still offenbaren,
um Zuflucht bitten, um Gottes Geleit,
um bleibende Hoffnung, die heilt und befreit.

SEIT DU VORAUSGEGANGEN

Du warst mit mir verbunden
in langer Lebenszeit,
was wir in Lieb' empfunden,
als Segen stand bereit.
Im Nehmen und im Geben
mit endlosem Vertrau'n
beschenkte uns das Leben –
Familie aufzubau'n.
Seit du vorausgegangen
in Gottes Ewigkeit
erwächst in mir Verlangen
nach der Geborgenheit
der himmlischen Gefilde,
wovon die Bibel spricht,
dem eindrucksvollen Bilde –
vom Sein in Gottes Licht.

AUCH WENN EINE WUNDE HEILT

Auch wenn eine Wunde heilt,
bleiben dennoch Narben.
Alles, was wir uns geteilt,
liebevoll erwarben,
machte beider Leben aus,
brachte Licht in unser Haus,
bis die frohen Farben
langsam mit dir starben.
Auch wenn eine Wunde heilt,
schmerzen selbst noch Narben.

WIR HABEN HIER KEINE BLEIBENDE STADT
(Hebr. 13, 14)

„Wir haben hier keine bleibende Stadt"
les ich im Brief oder dem Blatt.
Lücke um Lücke reißen
die Todes Schneisen.
Der Text aber spricht weiter zu dir:
„Sondern die Zukünftige suchen wir"
an uns'res Herren Hand
im uns verborg'nen Vaterland.

VOLLE ÄHREN

Ein jedes Korn, umhüllt von Erde,
wächst wie ein Wunder – Stirb und Werde –
zur stolzen Ähre still heran.
Gefüllte Ähren selbstlos gewähren
tägliches Brot
und das Gebot:
Den Schöpfer zu preisen
und Dank erweisen,
dass er die Erde
mit „Stirb und Werde"
weiter erhält,
wie's IHM gefällt.

ZUR JAHRESLOSUNG 2019
„Suche Frieden und jage ihm nach."
(Psalm 34,15)

Frieden kann erst wieder sein,
wenn auf Hass verzichtet
und Gewalt von vornherein
als tabu verpflichtet.
Frieden finden wird zum Ziel
auf des Glaubens Wegen,
nicht nur als Gedankenspiel,
doch durch Gottes Segen.

FÜRCHTE DICH NICHT

Was glücklich sich fügte,
jeweils genügte,
sich zu bescheiden
in Freuden und Leiden.
Unheil ertragen,
schmerzende Fragen.
Durch Handeln indessen
nach eig'nem Ermessen
ergab Stück um Stück
ein Mosaik.
Im Licht und Schatten
das Ganze versteh'n,
auch beim Ermatten
an Gottes Hand geh'n
im „Hier" und dem „Jetzt",
bis das Ende er setzt
und wiederum spricht:
„Fürchte dich nicht". *

In Anlehnung an Jesaja 43, 1:
Fürchte dich nicht, denn ich habe dich erlöst;
Ich habe dich bei deinem Namen gerufen, du bist mein.

KERZEN, DIE STILL NIEDERBRENNEN

Kerzen, die still niederbrennen
mit der Flamme heißen Glut,
sich zu der Passion bekennen:
Hell zu leuchten – als Tribut
in dem Licht sich ganz verzehren,
wärmen bis zum Ende hin,
Atmosphäre zu gewähren,
wo Verlust führt zu Gewinn.
Kerzen, die still niederbrennen
mit der Flamme heißen Glut,
lassen demütig erkennen,
was in ihrer Mitte ruht.
Seit zur Weihnacht ist erschienen
Gottes Licht mit hellem Schein,
um in Dunkelheit zu dienen,
„Licht der Welt" für uns zu sein.

ALLE HIMMEL IHN NICHT FASSEN

In unendlicher Ferne
leuchten unzählige Sterne
über unsrer kleinen Welt.

Mond – und der Planeten Bahnen
lassen voller Ehrfurcht ahnen,
was dem Schöpfer wohlgefällt.

Herrlich sind all seine Werke,
unermesslich seine Stärke.
ER ist Liebe, ER ist Geist.

Alle Himmel ihn nicht fassen,
doch er will sich finden lassen
durch sein Wort, wie er verheißt.

Alle Welt soll ihn lobpreisen
und ihm Ehre stets erweisen,
die allein dem Herrn gebührt.

Die sich frei zu ihm bekennen,
dürfen Vater ihn gar nennen,
der sie liebt und treulich führt.

DER GRÖßTE TEIL WAR DANKENSWERT

Ein jeder Tag, der ohne Schmerz,
verdienet Dank und stärkt das Herz.
Hätt'st du die Tage all gezählt,
wo du wohlauf und dir nichts fehlt,
wärst du in unsrer kalten Zeit
ein echter „Typ Zufriedenheit".
Dagegen bist du mehr bedacht,
zu zähl'n, was Leid und Schmerz gebracht,
wo dich betrübt ein langes Tief,
weil irgendetwas schief verlief,
als du mit Grippe angesteckt
und kämpftest gegen den Infekt,
zu Op'rationen dann, oh Graus,
der Aufenthalt im Krankenhaus,
von einigen der Zahnbeschwerden,
die kurzfristig behoben werden.
Zuletzt war es durchaus kein Lacher,
die Sache mit dem Herzschrittmacher.
Drum leg die Summe deiner Tage
gewissenhaft auf eine Waage,
dass dein Gewissen hierbei klärt:
„Der größte Teil war dankenswert!".

EIN JAHR WIRD WIEDERUM NUN ENDEN

Ein Jahr wird wiederum nun enden.
War es erfüllt von Freud und Leid
und nahmen wir's aus deinen Händen,
gabst du uns Kraft – du Herr der Zeit.
Lief mal ein Tag beinah ins Leere,
wo wir verzagten unter Last,
halfst du getreu aus der Misere,
da du uns durchgetragen hast.
So lass uns dankend neu erfahren,
dass du auch weiter mit uns gehst,
wie schon in den vergang'nen Jahren,
uns Tag um Tag zur Seite stehst.

Zum neuen Jahr

Lasst uns beieinander bleiben
und mit Liebe das betreiben,
was zum Guten weiterführt
und des Nächsten Herz berührt.
Dann wird's auch im neuen Jahr
hell, wie's schon im alten war.

DIE DREI WEISEN

Die drei Weisen
folgten dem Sterne,
der in der Ferne
ermuntert' zu reisen.
Vor den neugebor'nen
König zu treten,
ihn anzubeten
war ihr Begehren
zu beschenken, zu ehren.
Doch fanden sie
in Betlehems Stall
ein ärmliches Kind
wie überall
im Stroh zwischen
Schaf, Esel und Rind.
Der Lobgesang
am Himmelszelt
pries mit ihnen
den Heiland der Welt.

WÜNSCHE AUS DER FROHEN BOTSCHAFT

Wünsche treffen aller Orten
mit den wohl bekannten Worten
heut' zum Jahreswechsel ein.
All die Jahre, die vergangen,
hast du tausendfach empfangen
solcher Worte hellen Schein.
Im Gedächtnis sie zu speichern,
dass sie uns're Zeit bereichern,
gleich dem Saatkorn – ausgesät –
das für Frohe Botschaft steht.

GEDANKEN ZUR JAHRESLOSUNG 2020

„Ich glaube Herr, hilf meinem Unglauben." *

(Markus 9,24)

Losungsworte sind wie Anker
für ein Schiff im Sturm der Zeit.
Werden Regeln ständig schlanker
und die Kette schlaff und weit,
müssen die verbund'nen Glieder
mehr denn je zusammen steh'n,
dass der Anker immer wieder
rettet vor dem Untergeh'n.
Dennoch bleibt ein Unterschied
zwischen Satz- und Kettenglied,
Zweifel weckt ein jeder Satz,
steht ein Wort am falschen Platz,
denn sobald dies aufgeklärt,
bleibt die Losung unbeschwert.

** Der Satz zur Jahreslosung 2020 „Hilf
meinen Unglauben" führt zu Irritationen.*

DAS VERMÄCHTNIS

Im Erinnern an Jahrzehnte,
da ich hoffte und ersehnte,
Lebenszeit wird zum Vermächtnis.
    Danke Herr
für das Gedächtnis,
das weit über Raum und Zeit
aufbewahrt wie zum Vermächtnis –
Bilder der Vergangenheit.
Zu den Mühen, sich zu regen
in Familie und Beruf,
gabst du sichtbar deinen Segen,
der erneut Vertrauen schuf.
Doch auch in den schweren Tagen,
deren Last nicht zu versteh'n,
hast du uns hindurch getragen
wollt'st an unsrer Seite steh'n.
Danke Herr für das Gedächtnis,
das weit über Raum und Zeit
aufbewahrt als ein Vermächtnis –
Güte und Barmherzigkeit.

Textveröffentlichungen von E. W.

„Nachlese" – Gedichte 2007

„Wegzeichen unter Gottes Geleit" – Gedichte 2008 und 2009 (erschienen im Verlag Eltern und Kinder, Gera)

„Gedankensprünge" – Gedichte 2009

„... doch zuletzt bleibt ein Danke" – Gedichte 2011

„Innehalten" – Gedichte 2015 (erschienen im Verlag Books on Demand, Norderstedt)

„Hoffnungsschimmer" – Gedichte 2018 (erschienen im Verlag Books on Demand, Norderstedt)

Fotonachweise

Teresa Rothe: Seiten 33, 106
Katharina Rothe: Seiten 20, 24, 54, 58, 70, 116
Postkarte Seite 77: Jerusalem from the Chapel of Dominus Flevit (Mount of Olives)
Ehrenfried Winkler: Cover vorn und hinten sowie alle übrigen Fotos

Alle Rechte liegen beim Autor E. W.